GUÍA DE LECTURA

Escrita por Éléonore Quinaux
Traducida por Laura Soler Pinson

Meursault, caso revisado

de Kamel Daoud

KAMEL DAOUD

AUTOR Y PERIODISTA ARGELINO DE EXPRESIÓN FRANCÓFONA

- **Nacido en 1970 en Mostaganem (Argelia)**
- **Algunas de sus obras:**
  - *La fable du nain* (2003), novela
  - *L'arabe et le vaste pays de ô...* (2008), cuento
  - *Le minotaure 504* (2011), recopilación de cuentos

Tras haber realizado estudios universitarios de Literatura, Kamel Daoud decide escribir en francés, puesto que considera que el árabe tiene demasiada carga ideológica. Primero se da a conocer como periodista en Argelia. En 1994 empieza a trabajar en el *Quotidien d'Oran*, donde publica crónicas antes de convertirse en el redactor jefe. Personaje comprometido, participa en las manifestaciones de la «primavera árabe» en 2011. Ese mismo año, sale a la luz su recopilación de cuentos, *Le minotaure 504*, que recibe el Premio Goncourt de relato. Sensibilizado con la politización del islam y con el alcance de los movimientos religiosos, decide escribir *Meursault, caso revisado*, una reescritura de *El extranjero* de Albert Camus (escritor francés, 1913-1960) desde una perspectiva novedosa para que Argelia sea consciente de sus disfunciones.

MEURSAULT, CASO REVISADO

UNA IDENTIDAD NACIONAL EN PELIGRO

- **Género:** novela sociológica
- **Edición de referencia:** Daoud, Kamel. 2015. *Meursault, caso revisado*. Traducido por Teresa Lanero. Córdoba: Almuzara[1]
- **Primera edición:** 2013
- **Temáticas:** crimen, identidad, Argelia, Albert Camus, absurdo, existencia

Meursault, caso revisado es la primera novela de Kamel Daoud. Este relato, galardonado con el Premio Goncourt de primera novela en 2015, se inspira directamente de *El extranjero*, de Camus, y decide abordar otro punto de vista: el del árabe que mata Meursault, el protagonista de la obra camusiana. El escritor le da la palabra a un nuevo narrador, Haroun, hermano del difunto, que busca un sentido a esta despersonalización de la víctima en Camus.

Tras la «primavera árabe», desea que sus conciudadanos —y el lector— tomen conciencia de los nuevos desafíos que implica la reconstrucción de un país: mejorar la situación del pueblo, marcar su autonomía frente a las potencias mundiales, desprenderse de toda ideología que frene los valores revolucionarios y, sobre todo, no mezclar política y dogmas religiosos.

---

1. Todas las citas han sido traducidas por ResumenExpress.com

RESUMEN

UNA IDENTIDAD ROBADA

Muchos años después de los hechos, Haroun Ouled El-Assasse recuerda el asesinato de su hermano Moussa a manos de un francés llamado Meursault, en una playa de Argel, en 1945. La familia del difunto todavía ignora la razón de tal acto. Pero lo que más horroriza a Haroun no son tanto las preguntas que permanecen sin respuesta, sino la escritura concisa de *El otro*, la obra publicada por el asesino que ni siquiera menciona a su hermano. La novela, cuya publicación desconocían tanto su madre como él, llega a sus manos en los años sesenta a través de Meriem, una doctorando, y su lectura le impacta.

Haroun, convencido de que Meursault, el autor de *El otro*, debe darle las claves del asesinato y revelaciones sobre su hermano, está conmocionado: en el libro solo se menciona a Moussa como «el árabe», ¡y así 25 veces! ¿Realmente se respeta una vida robada si se la reduce a una simple palabra? ¿Quién es ese árabe tan conocido para muchos lectores? ¿Quién es esa víctima que tantos literatos admiran? Para Haroun, es como si al mundo entero le diera absolutamente igual. Meursault ha conseguido una hazaña: con la poética propia de la lengua francesa, el crimen se ha desvanecido para provecho del autor. Haroun también se muestra indignado por los elementos engañosos de dicha novela, como la mención de una hermana inexistente. Su hermano tampoco estaba envuelto en oscuros negocios vinculados al mundo de la prostitución.

La lectura de este libro, que debería haber esclarecido los detalles de la desaparición de su hermano, lo sume, por el contrario, en una perplejidad indignada: ¿qué ha sido de los testigos? ¿Por qué se han disimulado tantos elementos valiosos para la comprensión del asesinato? ¿Por qué no se revela el lugar en el que está el cuerpo de su hermano? ¿Cómo puede uno llegar a redactar una novela en la que la escena del proceso está más centrada en la apatía del protagonista, que muestra tanta indiferencia hacia el mundo, que en el asesinato?

De manera paralela, el libro también trastorna la vida de Haroun, que siempre ha girado alrededor de este trágico acontecimiento. Y es que Meursault mata a Moussa en 1945, pero lo mata una segunda vez cuando silencia dónde se encuentra el cuerpo de la víctima, y eso impide que la familia organice un verdadero funeral. Aún peor: cuando lo presenta como un personaje anónimo en su relato, Meursault mata por tercera vez a Moussa. El asesino ha transformado su crimen en una obra de arte y le prohíbe para siempre la identidad a un hombre, tal y como hicieron todos los franceses con la identidad argelina durante la colonización. A partir de ese momento, Haroun se dedica a restaurar la identidad del «árabe».

¿Sabía que...?

El extranjero, libro que pertenece al ciclo de lo absurdo de Camus, se publica en 1942, en plena Segunda Guerra Mundial (1939-1945). El narrador de la obra es Meursault, un francés que trabaja como empleado de oficina en Argel y que acaba de perder a su madre. Está caracterizado a lo largo de toda la novela como un personaje con una profunda apatía y una indiferencia marcada por su entorno, en el que no parece tener ningún punto de apoyo; simplemente, sufre su existencia. Un día, mientras acompaña a uno de sus amigos a la playa, le coge de las manos el revólver que iba a usar para matar a su enemigo árabe. Cuando Meursault vuelve más tarde al lugar de los hechos, solo y todavía armado con el revólver, se cruza con el mismo individuo. En un estado próximo a la alucinación debido al sol y al calor, dispara y mata al árabe. Es arrestado y juzgado por su acto, pero el proceso se dedica a analizar más su frialdad con respecto a la muerte de su madre que el crimen que ha cometido. Recibe su sentencia de muerte con la misma indiferencia. Cuando un cura intenta obtener el arrepentimiento del condenado a muerte, este último reacciona con violencia para, a continuación, volver a mostrar la misma actitud de calma, la misma indolencia frente a su destino.

DE LA ERRANCIA AL ASESINATO

Desde el año 1945, la madre de Moussa y de Haroun solo tiene una preocupación: descubrir la verdad sobre la muerte de su hijo mayor. Interroga con frecuencia a gente, busca testigos en vano, se desplaza hasta el lugar donde se dice que vivió Meursault, va a la policía o al tanatorio. Desgraciadamente, sin cuerpo no puede haber un acta: Moussa ha sido completamente borrado del paisaje argelino. Salvo por su entorno, que la acompaña en un duelo exagerado, su madre, sola y llena de desesperación, busca un indicio que le permitiría comprender el drama. Su existencia no tiene nada que la mantenga vinculada a la realidad, y su vida parece tan vacía y oscura como la tumba de su hijo.

No se preocupa por Haroun, y prefiere arrastrarlo en su locura. Reduce a su hijo menor a un ser inexistente, cuya única razón de ser se resume en hacer revivir a su hermano desaparecido. Así, únicamente le presta atención cuando lo disfraza de Moussa, obligándolo a llevar la ropa del difunto, o cuando le comunica las investigaciones sobre la muerte de su hermano. Gracias a su escolarización, que le ha enseñado a leer y a escribir en francés, Haroun consigue descifrar los dos artículos de prensa que su madre guarda, y que relatan el crimen cometido en la playa. A Haroun vuelve a impactarle la ausencia de reconocimiento en lo que respecta a la identidad de su hermano, del que solo se mencionan las iniciales. La madre, contenta por entender por primera vez estos dos recortes de periódico que guardaba desde hacía mucho tiempo, le pide a su hijo en varias ocasiones que se los lea. Para reconfortarla, Haroun accede, y cada vez añade un elemento nuevo, un detalle sobre Meursault, sobre el color del cielo, sobre la descripción del disparo, etc.

Paralelamente a estas pantomimas literarias que convierten al joven en una nueva Sherezade (la protagonista de *Las mil y una noches*), la dominación francesa pierde su brillo en Argelia. El país desea liberarse de su colonizador y lucha por la independencia. Durante un alto el fuego, Joseph Larquais, agotado, teme que un argelino que no respete la tregua lo mate, y salta al patio de la casa de los Ouled El-Assase. El francés conoce este lugar: esta mansión perteneció anteriormente a su familia. La madre de Haroun era su mujer de la limpieza y había prometido que velaría por la propiedad hasta un hipotético regreso. Sin embargo, la mujer ordena a su hijo con la mirada que mate al extranjero cuando ella se lo encuentra en el almacén. Aunque no soporta ser la marioneta de su madre, Haroun dispara a regañadientes al hombre, imaginando que este asesinato le liberará del fantasma de su hermano.

Madre e hijo entierran a Joseph en el patio y camuflan la tumba con un saco de abono. Satisfecha por su venganza, canturrea y sonríe. Ahora ya puede envejecer siguiendo el transcurso de la vida, y no bajo el peso de las preocupaciones. Por su parte, Haroun ya no debe ser el doble de su hermano, y puede dedicarse a otras cosas. Liberado del yugo de su madre, incluso podría intentar una relación con Meriem, la doctorando que le revela la existencia del libro de Meursault, *El otro*. La lectura de esta publicación será el elemento desencadenante que propicie que el joven se oponga al trato dado a su hermano, que ha caído en el anonimato por segunda vez. Decide no hablarle de esta injusticia a su madre, puesto que esta última parece haber hecho una parte de su duelo tras la muerte del francés.

DE UNA LIBERACIÓN A OTRA

El 5 de julio de 1962, Argelia declara su independencia. Haroun es hecho prisionero. ¿Se le acusa del asesinato de un francés? No. Se le reprocha más bien que no haya participado en la guerra de independencia. Encerrado por su madre, luchando por su lado por la causa identitaria de su hermano, no habría podido jamás echarse al monte, como han hecho los jóvenes de su época. ¿Acaso eso lo convierte en un traidor? ¿No se beneficia de circunstancias atenuantes si tenemos en cuenta la pérdida de su hermano, muerto como un mártir a ojos de los miembros de la causa argelina? Haroun, al que se considera un ser débil y apático, es finalmente puesto en libertad.

Desea avanzar en su construcción individual, por lo que se marcha a Orán y abandona a su madre. Desgraciadamente, se da cuenta de que sigue siendo incapaz de existir. El homicidio debería haber tenido un efecto liberador en su alma, pero resulta un fracaso: la vida ya no tiene ningún valor para él. De hecho, ¿por qué deberíamos aferrarnos a ella cuando alguien nos la puede arrebatar en tan solo unos segundos? Haroun, que ya rechazaba lo religioso cuando era pequeño, se sumerge todavía más en el ateísmo y rehúye a todos los fanáticos de la causa islámica. Sin fe y sin deseo por las mujeres, a pesar de una historia de amor de varios meses con Meriem, no siente nada, salvo una impresión de inmenso vacío. Si por lo menos se le hubiese castigado por su crimen, habría encontrado algo de sentido. Pero sin proceso, sin ninguna forma de reproche o de intimidación, la vida ya no significada nada. Se siente como un dios absurdo, libre de hacer todo lo que se le antoje sin límite alguno puesto que nada tiene importancia.

Además, a Haroun le desespera la situación en la que se encuentra Argelia. Sí, es independiente, ¿pero a qué precio?

Los desarrollos que los colonos estaban llevando a cabo se abandonan, las ciudades y los pueblos no aprovechan los cambios realizados y la economía se desploma. Bajo el yugo de los franceses, el pueblo argelino tenía la excusa de que no podía actuar, puesto que estaban oprimidos. Ahora que están liberados, siguen quedándose de brazos cruzados, y esta vez no tienen motivos. Haroun, que se ha convertido en un anciano, denuncia también el inmovilismo de una nación que se refugia en las promesas religiosas. ¿Quién puede declararse «libre» si ya no actúa? «Ni Dios, ni Tierra» es el lema de Haroun, puesto que le parece que la religión es un vano refugio inmovilista, demasiado tradicionalista e incapaz de hacer que las cosas cambien y de tener un impacto positivo en el país. No se reconoce en la inactividad de los otros argelinos y tampoco se siente miembro de esta nación. ¿Se habrá convertido él también en un extranjero con una vida que no desea y en un país que ya no reconoce? A pesar de todo, con el paso de los años, se hace una última pregunta: ante la inmensidad del universo y el carácter efímero de su propia vida, ¿no sería posible que hubiera en realidad una especie de divinidad, una especie de relojero que regulase el mundo, y que hubiese decidido en un momento dado hacerse a un lado?

HAROUN OULED EL-ASSASSE

El narrador del relato, Haroun, es el hermano pequeño de Moussa, el árabe que fue asesinado en una playa de Argel en 1945 a manos de un tal Meursault. Para rellenar el vacío que teme y el anonimato en el que el asesinato de su hermano le ha sumido, Haroun le confiesa su historia a un estudiante, mientras están sentados en un bar. Haroun representa una forma de rebelión contra lo absurdo de la existencia y la necedad de un país que mezcla política y religión desde su independencia.

Cuando es todavía un niño, es escolarizado, a pesar de que odia la escuela, y allí aprende francés. Tras la muerte de su hermano, ayuda económicamente a su madre y se convierte en mozo de establo y hombre para todo en varias propieda- des pequeñas de colonos franceses. Es alérgico al viernes, día que hay que pasar en la mezquita, y desde su infancia, decide ser agnóstico (dícese de alguien que rechaza reflexio- nar acerca de cuestiones metafísicas, puesto que considera que siempre serán oscuras para el hombre). Más tarde, al constatar que el hombre siempre está sometido a una serie de injusticias, y que el supuesto Dios jamás interviene para ayudarlo, se convierte en ateo. Sin embargo, cuando llega al final de su vida, cuando se toma su tiempo para vivir más por él mismo, la contemplación del mundo en la que se sumerge trastorna de nuevo sus certezas: no puede existir solo el vacío. Para él, tuvo que haber un origen de la vida.

Vive solo en Orán, en un piso situado en el tercer piso, frente a una mezquita que aborrece solo con verla. Le gusta el vino, así que eso supone una razón de más para odiar el viernes: todos los bares para beber están cerrados ese día. Aprecia la literatura y reconoce la belleza de la lengua francesa, sobre todo tras su encuentro con Meriem, la única mujer a la que ha amado en su vida. No ha conocido nunca a su padre; solo sabe que su nombre viene del hecho de que era un celador en una fábrica. En cuanto a su madre, nunca han mantenido una buena relación, y ya solo la visita esporádicamente cuando se muda a Orán.

MOUSSA OULED EL-ASSASSE

Moussa era analfabeto y mozo de cuerda (oficio que consiste en llevar cargas) en el puerto de Argel. Le gustaba el café, iba todas las mañanas a trabajar alegremente, y se reunía con amigos. Se vestía a menudo con un mono de trabajo y se paseaba siempre con alpargatas. La relación con su madre era conflictiva: parecía reprocharle algo relacionado con la desaparición de su padre. A pesar de que tenía relaciones turbulentas con las mujeres, salía al parecer con una tal Zoubida, considerada demasiado moderna por la madre de él. Tenía fama de ser bastante violento y de agredir con facilidad. La relación con su hermano pequeño también era tensa.

El día de su asesinato, había dicho que volvería antes. A pesar de ello, no había ninguna razón para estar en una playa a las 14h en 1945, a la hora de la siesta. Sabemos que Meursault le dispara varias veces, pero su cuerpo jamás se ha encontrado.

Su tumba se encuentra en el cementerio de El Kettar, en Bab El Oued, pero está completamente vacía.

LA MADRE

La madre de Moussa y de Haroun es originaria de las montañas argelinas, y es casada a la fuerza con un desconocido, con quien tendrá a estos dos hijos. Después, el hombre desaparece sin dejar rastro. En ese momento, ella pierde el contacto con su familia y no vuelve a casarse jamás. Primero criada y después señora de la limpieza, trabaja sin descanso.

Poco después de la muerte de Moussa, la madre abandona Argel y se va a vivir al campo con su hijo menor, ya que sus investigaciones sobre el asesinato no llevan a ninguna parte. Desgraciadamente, la pena de esta mujer no mengua ni en la ciudad ni en el entorno rural: desea conocer a toda costa la verdad sobre el asesinato de su hijo. La investigación la obsesiona, y acaba convirtiéndose en locura rápidamente. Todo vale para obtener indicios: entra intempestivamente en moradas que le están prohibidas, profiere insultos contra una anciana francesa que cree que es familia de Meursault e intenta llevar a cabo extorsiones para obtener información de la policía. Para que nadie sospeche de ella por estas fechorías, lleva un luto ejemplar, muchas veces sobreactuado. Eleva a su hijo a la categoría de mártir, y solo se sentirá liberada cuando su hijo menor cometa un asesinato. La vejez la encerrará en un mutismo total y en un cuerpo cada vez más agarrotado.

MERIEM

Meriem es una argelina nacida en un pueblo rural, y procede de una familia tradicionalista en la que la mujer no tiene voz. A pesar de ello, la joven se niega a aceptar estos valores y rechaza totalmente la figura paterna, ya que su padre es polígamo. Es muy culta y escapa de su entorno iniciando estudios de Letras en la Universidad de Argel. Representa a la mujer liberada, que no teme a su cuerpo y que rechaza la opresión.

En el marco de sus estudios, decide redactar una tesis acerca de *El otro*. Encuentra a la familia de la verdadera víctima del relato, Moussa, y le hace llegar el libro. Haroun se ve seducido por esta bella joven, y viven una breve relación que el joven se toma muy en serio. Meriem se queda tres meses en el pueblo y va a esperar a menudo a Haroun a su trabajo a la hora de la comida. Gracias a ella, Haroun perfecciona su francés con la multitud de libros que ella le da. Cuando vuelve a Argel, sigue escribiéndole durante ocho meses, y después deja de hacerlo por causas desconocidas.

CLAVES DE LECTURA

UNA NOVELA SOCIOLÓGICA

El origen de la novela sociológica, también llamada novela social, se remonta al siglo XIX. En aquel momento, Émile Zola (escritor francés, 1840-1902) es considerado uno de los mayores representantes de este movimiento. Este escritor percibía sus escritos como una epopeya social, al igual que Balzac (escritor francés 1799-1850) antes que él. La novela sociológica presenta una observación de la sociedad en un período contemporáneo al contexto de escritura. Así como Zola escribe acerca de la explotación humana durante la era industrial en *Germinal* (1885), Daoud cita los problemas de una Argelia incapaz de levantarse tras la guerra de la independencia, y que tiene dificultades para tomar impulso sobre la base de las promesas de la primavera árabe. El objetivo de este tipo de obras es denunciar una situación y el autor asume una misión: concienciar a los lectores de los problemas de la sociedad actual.

En base a ello, la novela se emplea como una especie de laboratorio, de campo de investigación para el sociólogo que desea entender cómo está considerada la sociedad en un momento particular de la historia y la manera en la que la población reacciona a ello. Para el autor, lo importante no es crear frases bonitas o desarrollar un sentido poético especial, sino representar fenómenos humanos inscritos en su tiempo y en un entorno sociocultural preciso. A partir de ese momento, domina el realismo: no se esconde ningún hecho, aun cuando sea horroroso.

Así, *Meursault, caso revisado* transcribe el estado de una sociedad tal y como el autor lo percibe. Tras la guerra de Argelia, Haroun constata que la población no tiene la motivación necesaria para levantar el país. Describe con lucidez la situación catastrófica del nuevo estado: no busca ninguna excusa para la inactividad de los argelinos, y reconoce que la dominación francesa al menos llevó una cierta modernización, empleo e industrias. Lamenta que estos hechos corran el riesgo de caer en el olvido cuando los colonizadores se vayan. El narrador, que desconfía de la política si esta se encuentra bajo el yugo de la religión, es la voz de la Argelia que desea el desarrollo del país. Daoud desea mostrar en su novela que la sociedad argelina puede emanciparse y que debe aumentar su proyección en la escena internacional, siempre y cuando no se enrede en las prácticas religiosas o en otras ideologías retrógradas.

UN LENGUAJE SENCILLO Y DIRECTO

El primer elemento que llama la atención del lector cuando recorre esta novela es el lenguaje. Es sencillo y siempre está en estilo directo. Así, Haroun habla bien francés, pero usa un vocabulario común y poco elevado. Además, encontramos una gran cantidad de palabras árabes que no tienen equivalente en francés o que son demasiado cercanas al contexto argelino como para ser traducidas. Por ejemplo, *zoudj* es el término que utiliza el narrador para hablar de su hermano como doble, como ser con el que comparte los mismos padres, pero del que difiere en carácter. Por su parte, *gaouri* designa a los extranjeros, y en este caso particular, a los franceses.

Como el tono del texto es el del discurso anunciado por el narrador en los términos que siguen: «Voy a resumirte la historia antes de contártela», este está acompañado de una cantidad de apóstrofes que se dirigen en principio al estudiante que viene a informarse sobre el contenido de la obra *El otro*. Pero más allá de esta puesta en escena, hay que detectar un discurso dirigido al lector desde el principio del texto: «Te lo digo directamente: el segundo muerto, el que ha sido asesinado, es mi hermano»; o también «¿Has visto su manera de escribir?». El lector desempeña el papel de interlocutor directo, y de esta manera le da al relato una cierta legitimación: al interrogarle constantemente, el narrador fuerza en cierta manera su aprobación. El lector no es pasivo, es testigo del relato que se desarrolla ante sus ojos. Así, *Meursault, caso revisado* se transforma en una acusación contra la falta de identidad del «árabe» en Camus —o en la obra ficticia *El otro*— y en un alegato para el despertar de los argelinos hacia su propia causa, su propia revuelta marcada, en nuestra época, por la primavera árabe.

De este modo, observamos una cierta paradoja en este punto entre la actitud de Haroun y su opinión acerca de la humanidad. Explica que desde que ha cometido el asesinato, siente indiferencia hacia la suerte del prójimo y no le otorga ya ningún valor. Sin embargo, se dirige continuamente al otro para dar vida a su relato, y le hace preguntas retóricas (es decir, preguntas que no esperan un desarrollo o una respuesta del interlocutor, sino que simplemente se presentan para llevarle a reflexionar o para propiciar que el narrador reactive el debate). Así, a la pregunta «¿Cómo decírselo al mundo cuando no sabes escribir libros?», no se le añade ninguna respuesta, pero el lector entiende gracias a ella todo el sufrimiento de Haroun. Y este último se percata de que necesita a un tercero para perpetuar su relato. Sin las generaciones venideras, sin los lectores, sin el otro, su mensaje se convertirá en papel mojado. Por lo tanto, llegamos a una conclusión absurda: el otro, rechazado en su esencia misma por el personaje de Haroun, es por otra parte el elemento clave para esa tarea de memoria que Haroun se impone con respecto a su hermano olvidado.

UN DESVÍO

Para escribir su novela, Kamel Daoud se inspira en dos obras de Camus, *El extranjero*, del que hace una especie de secuela, y *La caída*. Esta tradición de retomar un libro famoso para añadirle otro matiz no es un procedimiento que haya inventado Daoud. Ya en la Edad Media, a las novelas artúricas, que gozan de un éxito inmenso, se les añade una gran cantidad de secuelas. Por ejemplo, la búsqueda del Grial se reinventa en numerosas ocasiones, y se alternan los diferentes puntos de vista: el del caballero, el del mago, el de diversas damas, etc. Así, tal y como sucede con las secuelas de las aventuras del rey Arturo en las que Gauvain, su sobrino, se convierte en el héroe, aquí encontramos la continuación de lo absurdo de Camus en una construcción novelesca en la que Meursault cede su sitio a Haroun.

En lo que respecta a *El extranjero*, a nivel formal, Daoud se ha impuesto una regla: obtener un número de palabras próximo al de la novela de la que es secuela —es decir, 32 272 palabras. También incluye numerosas referencias directas a la novela de Camus y puebla su texto de citas—que van desde largos párrafos hasta algunas frases diseminadas—tomadas de él. Así, cuando arrestan a Haroun, podemos leer: «Me tiraron en la celda, tenía *una cubeta para las necesidades y una jofaina de hierro*. La prisión se encontraba en el centro del pueblo [...]».

Además, *Meursault, caso revisado* utiliza un efecto espejo. Haroun representa al doble de Meursault, pero con un enfoque opuesto: los dos sufren su vida, pero Meursault vive los acontecimientos desde un punto de vista francés, mientras que Haroun adopta la perspectiva árabe.

- En *El extranjero*, a Meursault le resulta imposible hacer hablar a los argelinos. Algunos vecinos o habitantes de los barrios frecuentados por los franceses le responden, pero siempre lo hacen de manera imprecisa. La mayor parte del tiempo, no quieren hablar con los colonos por miedo y porque Meursault simboliza al opresor. Por lo tanto, los argelinos prefieren quedarse en silencio y no se involucran en la historia del extranjero. En *Meursault, caso revisado*, ocurre lo contrario. No se presenta ningún testimonio de franceses —el único que tiene un verdadero papel es el estudiante con el que se reúne en un bar, y al que se dirige el narrador durante todo el libro. Los colonos no cuentan la historia del asesinato de Moussa, no testifican, no intentan restablecer la verdad que oculta la novela de Meursault. «El otro» representa siempre el papel de mudo.
- Moussa y Meursault tienen nombres que empiezan por la letra «M», y esto acentúa la idea de un vínculo entre

asesino y víctima.

- La aversión que siente Haroun por el viernes, el equivalente musulmán del domingo, y su desprecio por la vida tras el crimen que comete, nos recuerdan constantemente a su doble literario camusiano, apático, que odia los domingos.

- A pesar de que la madre de Haroun todavía vive, mientras que la de Meursault ya ha fallecido, las dos novelas juegan con la misma frase desde el íncipit. Así, *El extranjero* empieza con «Hoy ha muerto mamá» y *Meursault, caso revisado* lo hace con «Hoy mamá sigue viva», guiño directo de Daoud a la primera novela. Además, aunque la madre de Haroun no está muerta, tampoco podemos considerar que forme parte por completo del mundo de los vivos, puesto que solo existe a través del duelo a su hijo mayor y termina por hundirse en un completo mutismo al final de su vida.

- El motivo de la tumba vacía y de la tumba desaparecida también establece un paralelismo entre los dos textos. Moussa tiene una tumba ficticia, puesto que su cuerpo no se encuentra en el interior. En cuanto a la escena del entierro en *El extranjero*, a pesar de aparecer muy detallada, se nos presenta como una farsa cuando Haroun explica que la tumba de la madre de Meursault jamás se encontró.

Observamos las referencias a *La caída* sobre todo en la forma que toma el relato, la de la confesión del narrador a un desconocido en un bar. Así, tal y como sucede con Clamence, protagonista de la novela de Camus, Haroun se confiesa a un estudiante en un café de Orán, el *Titanic*. En la novela de Camus, la reunión también tiene lugar en un bar, el *Mexico-City*, en Ámsterdam. Obviamente, detrás de este universitario anónimo, se encuentran los lectores, los argelinos, las personas a las que podría interesar este relato.

LO ABSURDO

El extranjero, de Camus, es una aplicación directa de su teoría del absurdo que desarrolla más profusamente en su ensayo *El mito de Sísifo* (1942). Según el existencialista (dícese de aquel que considera que el hombre es el único dueño de su destino), lo absurdo está contenido en la vida misma: ¿qué sentido puede tener la existencia si cada día el hombre reproduce incansablemente los mismos gestos? Camus la compara con la historia de Sísifo, personaje de la mitología griega que está condenado a empujar una roca hasta la cima de una montaña. Cuando termina la tarea, la enorme piedra baja rodando la cuesta, y el hombre debe repetir su castigo por toda la eternidad. No todo el mundo percibe el carácter absurdo de la vida, y aquellos que se dan cuenta sienten un repentino hastío: Meursault lo expresa con su apatía, y Haroun, con su indignación hacia una existencia que puede ser fácilmente reducida a la nada. Lo que es absurdo en realidad es el tiempo que el hombre dedica a intentar darle un sentido a la vida. Esa necesidad de buscar un sentido ahí donde el ser humano es incapaz de hacerlo es característica de la búsqueda de pruebas o de indicios en las que se lanzan Haroun y su madre para esclarecer el asesinato de Moussa.

Asimismo, Camus explica en *El mito de Sísifo* que recurrir a la religión es un engaño, puesto que solo llena falsamente el vacío de sentido que el hombre no llega a colmar. Así, en la novela de Daoud, Haroun también rechaza lo divino. Sucumbir a la religión es un suicidio filosófico para el existencialista; por ello, recomienda al hombre que afronte solo su existencia, incluso siendo consciente de su absurdidad, puesto que nadie conoce su objetivo real. Haroun inicia esta rebelión cuando se convierte él mismo en un criminal y se niega a seguir siendo la marioneta de su madre. Pero a pesar de enfrentarse al problema, en el fondo sabe que esta lucha no lo llevará a ninguna parte: de hecho, sus palabras recogen una duda permanente. Tras cometer el acto, comprende que su existencia tendrá siempre un regusto amargo, y que no ha mejorado su vida con el crimen. Al contrario, el asesinato trae consigo una revelación de la absurdidad de su vida, y la despoja de sus riquezas y de sus valores. Esta vez, Haroun es plenamente consciente de ello. Sin embargo, tiene que vivir con pleno conocimiento de causa.

A partir de ahí, decide aislarse de la masa, de las ideas comunes y de todo vínculo religioso o familiar. Liberado de toda obligación vive una serie de momentos de lucidez frente al mundo: las sensaciones que lo invaden en el cementerio donde su hermano solo tiene un cenotafio por tumba le permiten sentirse vivo y tomar conciencia de que su vida está en otra parte, que no debe contentarse esperando la muerte. Los pequeños placeres que obtiene cuando está con Meriem o la observación de la multitud desde su balcón le demuestran que no está muerto como su hermano: ha obedecido a su madre y, abnegado, se ha olvidado de vivir, pero ahora es hora de tomar las riendas de su vida, de seguir rebelándose.

Lo absurdo no perdona el crimen, pero la vida se desarrolla de tal forma que el asesinato no acarrea remordimientos. No obstante, también se puede elegir llevar a cabo actos en beneficio de la humanidad. Es esta otra parcela del concepto camusiano la que Daoud indica en su novela: es hora de que Argelia evolucione y se convierta en un país bien dirigido, más allá de cualquier sectarismo o movimiento religioso, para poder ser por fin realmente libre —si no, ¿por qué se ha producido una revuelta?

PISTAS PARA LA REFLEXIÓN

ALGUNAS PREGUNTAS PARA PROFUNDIZAR EN SU REFLEXIÓN...

- ¿De qué manera se representa correctamente en esta novela la teoría de lo absurdo, introducida en *El mito de Sísifo*?
- Compare los personajes de Meursault, de Moussa y de Haroun. ¿En qué se parecen y en qué se diferencian?
- Documéntese sobre la primavera árabe y sobre la actualidad argelina. Describa a continuación el contexto sociopolítico en el que Daoud escribe su novela. Según la información que ha encontrado, ¿cree que hay en este libro un mensaje actual para el pueblo argelino?
- ¿Conoce otras novelas que han sido objeto de tamaño trabajo de reescritura?
- ¿Piensa usted que retomar pasajes de *El extranjero* es una forma de plagio? ¿Por qué?
- ¿En qué se parecen y en qué se diferencian el estilo de Camus y el de Daoud?
- ¿Le parece que la desesperación es un motivo suficiente para cometer un asesinato? Redacte una acusación o un alegato para el personaje de Haroun, culpable de asesinato.
- Compare la vida de Albert Camus y la de Kamel Daoud. ¿Qué tienen en común?
- ¿Corresponde el Argel de los franceses, tal y como lo presenta Haroun, con el Argel de la ocupación francesa? Compare la recepción de la obra en Francia y en Argelia.

PARA IR MÁS ALLÁ

EDICIÓN DE REFERENCIA

- Daoud, Kamel. 2015. *Meursault, caso revisado*. Traducido por Teresa Lanero. Córdoba: Almuzara.

ESTUDIOS DE REFERENCIA

- Camus, Albert. 1971. *L'étranger*. París: Gallimard, colección *Folio*.
- Camus, Albert. 1972. *La chute*, París: Gallimard, colección *Folio*.
- Camus, Albert. 1985. *Le mythe de Sisyphe*, París: Gallimard, colección *Folio Essai*.

EN RESUMENEXPRESS.COM

- Guía de lectura de *La caída* de Albert Camus.
- Guía de lectura de *El extranjero* de Albert Camus.

ResumenExpress.com